卫生职业院校实验实训教学创新教材

生物化学实验教程

主　编　郑弋萍

副主编　刘小龙　韦带莲

编　者（按姓氏汉语拼音排序）

曹　华　黄　磊　郑弋萍

刘小龙　韦带莲

科学出版社

北　京

内 容 简 介

生物化学实验教程编写分为验证性实验项目、综合性实验项目和临床实用性项目三部分，总计十五个实验项目，包含了蛋白质两性电离与等电点测定、影响酶促反应作用的因素、琥珀酸脱氢酶活性测定、酮体生成利用和转氨基作用五个常用的验证性项目，还有基本操作、722分光光度计基本操作、血糖测定、RNA提取、肾功能项目（肌酐与尿素氮测定）、肝功能项目（转氨酶ALT活性测定）六个综合性实验项目以及血总胆固醇测定、血浆总蛋白测定、血浆甘油三酯测定、血钙与血磷测定四个实用性生化检测项目。

图书在版编目(CIP)数据

生物化学实验教程／郑弋萍主编．—北京：科学出版社，2014.10

卫生职业院校实验实训教学创新教材

ISBN 978-7-03-041982-8

Ⅰ.生…　Ⅱ.郑…　Ⅲ.生物化学-化学实验-高等职业教育-教材
Ⅳ.Q5-33

中国版本图书馆CIP数据核字（2014）第222771号

责任编辑：袁　琦／责任校对：何艳萍

责任印制：李　彤／封面设计：范璧合

科学出版社 出版

北京东黄城根北街16号

邮政编码：100717

http://www.sciencep.com

北京凌奇印刷有限责任公司 印刷

科学出版社发行　各地新华书店经销

*

2014年9月第　一　版　开本：787×1092　1/16

2023年1月第七次印刷　印张：5

字数：105 000

定价：18.00元

（如有印装质量问题，我社负责调换）

前　言

为了更好的适应卫生职业教育教学要求，我们组织编写了生物化学实验教程。本实验教程编写细分为验证性实验项目、综合性实验项目和临床实用性项目三部分总计十五个实验项目，包含了蛋白质两性游离和等电点测定、影响酶促反应作用的因素、琥珀酸脱氢酶活性测定、酮体生成和利用与转氨基作用五个常用的验证性项目，还有基本操作、722分光光度计基本操作、血糖测定、RNA提取与鉴定、肾功能项目（肌酐与尿素氮测定）、肝功能项目（转氨酶ALT活性测定）六个综合性实验项目以及血总胆固醇测定、血清（浆）总蛋白测定、血清甘油三酯测定、血钙与血磷测定四个实用性生化检测项目。本教实验教程编写注重科学性、实用性、先进性，突出理论与实验融合，每个实验项目增加相关的理论知识介绍方便学生复习和更好理解原理；在实验结果记录与分析中设计更多实用性表格，引导提升学生逻辑思维及分析问题能力；更可以将本教材作为学生实验报告册留档保存。本教材适用于高职高专、短期培训及同等层次学历教育使用，可作为临床医学及临床医学全科方向、影像方向、美容方向专业、护理、助产、药剂、药学、检验及医学相关专业的生物化学实验教材。

本教材编写过程中得到科学出版社和各学校同仁的大力支持，同时在编写中参考借鉴了其他教材，在此一并表示真挚的感谢！由于时间仓促，水平有限，不足之处还望专家和广大师生批评指正，我们将在此基础上更好地改进。谢谢！

编　者

2014年6月

目　　录

第一部分　验证性实验

第二部分　综合性实验

第三部分　临床相关实用性生化检测项目

第一部分

验证性实验

实验一　蛋白质两性游离和等电点测定

一、实验目的

1. 验证蛋白质的两性电离和等电点。
2. 掌握测定酪蛋白等电点的原理和方法。

二、实验原理

（一）相关理论知识

蛋白质分子中既含有酸性基团，又含有碱性基团，是两性化合物。这些基团在不同的 pH 值溶液中可发生酸式电离或碱式电离。蛋白质在水溶液中的带电情况，不仅取决于本身的结构，还取决于溶液的 pH 值。调节溶液的 pH 值，可使蛋白质带有不同的电荷。当蛋白质溶液的 $pH>pI$ 时，蛋白质分子带负电；当蛋白质溶液的 $pH<pI$ 时，蛋白质分子带正电；当蛋白质溶液的 $pH=pI$ 时，蛋白质分子不显电性（此时蛋白质分子为兼性离子或两性离子）（图 1-1）。蛋白质分子处于兼离子状态时的溶液 pH 值称为该蛋白质的等电点（pI）。

笔记栏

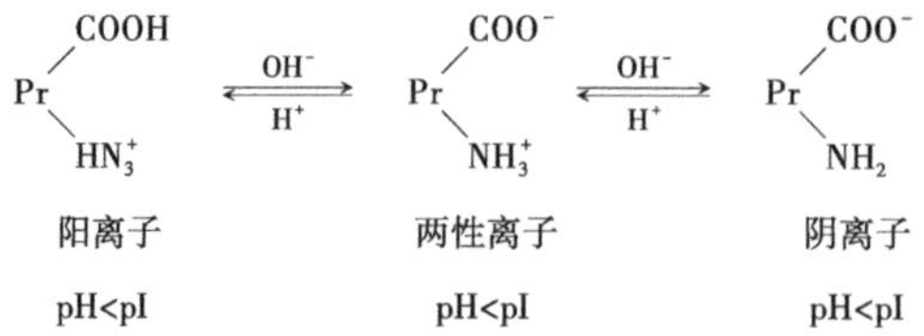

图 1-1　蛋白质两性解离与等电点

人体中大多数蛋白质的等电点在 5.0 左右，所以在组织和体液 pH7.4 环境中，这些蛋白质解离成阴离子。

（二）原理

不同的蛋白质分子有不同的等电点。在 pI 时，蛋白质分子所带正负电荷相等，净电荷为零，其溶解度低，最易沉淀析出。偏离其 pI 时，蛋白质分子带有同种电荷，互相排斥，不易发生沉淀，在一定 pH 值范围内，偏离其 pI 越远，蛋白质分子带有同种电荷越多，越不易发生沉淀。因此，可根据蛋白质分子在溶液中的沉淀析出情况，来测定蛋白质的等电点（图 1-2）。

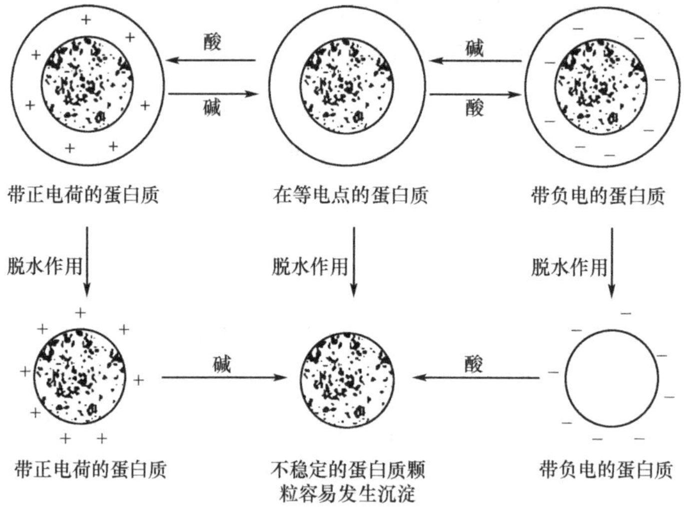

图 1-2　蛋白质胶体沉淀

笔 记 栏

三、实验内容

（一）蛋白质两性解离性质验证

1. 取试管1支，向试管中加入1.0ml酪蛋白溶液。
2. 按表1-1操作，并解释。

表1-1　蛋白质两性解离验证分析

加入物（滴）	溶液颜色变化	沉淀情况变化	解释现象
溴甲酚绿指示剂5～7滴			
逐滴加入0.02mol/L盐酸溶液			
继续逐滴加入0.02mol/L盐酸溶液			
逐滴加入0.02mol/L氢氧化钠溶液			
继续逐滴加入0.02mol/L氢氧化钠溶液			

（二）酪蛋白等电点测定

1. 取干净试管5支，编号后按表1-2操作。

表1-2　酪蛋白等电点测定

试剂＼试管号	1	2	3	4	5
蒸馏水（ml）	1.6	——	3.0	1.5	3.38
0.01mol/L乙酸（ml）	——	——	——	2.5	0.62
0.1mol/L乙酸（ml）	——	4.0	1.0	——	——
1.0mol/L乙酸（ml）	2.4	——	——	——	——
5g/L酪蛋白乙酸钠溶液（ml）	1.0	1.0	1.0	1.0	1.0
溶液pH值	3.2	4.1	4.7	5.3	5.9
沉淀结果					

2. 立即混匀各管，静置10分钟，观察各管沉淀情况，结果用“-，+，++，+++”表示，并记录于表1-2中。

3. 根据实验结果选出酪蛋白的等电点。

四、实验注意事项

1. 正确使用移液管和胶头滴管，保证取样准确。

2. 两性解离验证实验中酸碱滴定手法：逐滴加入，边加边摇，不可操之过急。

五、实验仪器和主要试剂

（一）试剂

乙酸　　0.01mol/L

乙酸　　0.1mol/L

乙酸　　1.0mol/L

酪蛋白5g/L乙酸钠溶液（称取纯酪蛋白0.25克，加放蒸馏水20ml及1.0mol/L氢氧化钠5毫升，混合至酪蛋白完全溶解，然后加入1.0mol/L乙酸5ml，移入50ml容量瓶中，用蒸馏水稀释至刻度）。

溴甲酚绿指示剂

盐酸溶液　　0.02mol/L

氢氧化钠溶液　　0.02mol/L

（二）仪器

移液管、胶头滴管、洗耳球等。

六、思考讨论

1. 为什么蛋白质溶液在等电点时刻具有最多沉淀？

2. 为什么加酸多了沉淀会消失？同理加碱多了沉淀为什么也会消失？

笔记栏

七、结果记录与分析

1. 结果记录。

酪蛋白等电点是________。

2. 分析。

（郑戈萍）

实验二　影响酶促反应因素

一、实 验 目 的

1. 通过本实验，观察诸因素对酶促反应速度的影响。
2. 理解最适温度与最适 pH 值。

二、实 验 原 理

（一）相关理论知识

酶是由活细胞分泌的具有催化活性的蛋白质，其催化的反应称为酶促反应。由于其本质为蛋白质，所以酶促反应具有高度催化效率、高度特异性、高度不稳定性和活性可调节性的特点。还是因为酶是蛋白质，受理化因素影响会发生变性失活，所以酶促反应速度就会发生改变。影响酶促反应因素主要有酶浓度、底物浓度、温度、pH 值、激活剂和抑制剂（图 2-1）。

本实验主要讨论温度、pH 值、抑制剂和激活剂影响。底物与酶浓度在整个实验中不变。

（二）原理

唾液淀粉酶对淀粉的水解过程是“淀粉⟶糊精⟶麦芽糖”，淀粉和糊精遇碘溶液可产生颜色有蓝色、紫红色、褐色和红色，而麦芽糖遇碘不显色，只显示碘液的黄色。因此根据不同的颜色，就可了解淀粉水解的程度（图 2-2）。

由于在不同温度或酸碱度下，酶活性高低不同，所以在同一时间内淀粉被水解的程度也不一样。还有淀粉酶遇激活剂或抑制剂时，酶活性也不同，以致影响了淀粉被水解的程度。因此，通过与碘产生不同的颜色，可以了解温度、pH、激活剂与抑制剂对酶促反应的影响。

笔记栏

影响酶促反应速度因素

- **温度**
  - **双重影响**
    1. 一般化学反应随温度的升高而加快。温度每天高 10℃，反应速度可增加 1 ~ 2 倍。这是因为温度升高可加快分子的热运动，从而增加分子间的碰撞机会。
    2. 当温度上升到一定高度时（大于 40℃），酶促反应反而降低，这是由于作为蛋白质的酶会受热变性失活，从而降低催化作用。
  - **最适温度**　酶促反应速度最大时的温度称为该酶促反应的最适温度。体内酶最适温度一般在 37 ~ 40℃之间
- **pH 值**
  - **pH 如何影响酶活性**
    酶分子中必需基团（包括中心内和中心外）以及酶作用的底物中都有许多可解离的基团，它们都会受到 pH 值的影响，只有在某一 pH 值下，各种基团处于最佳解离状态，最适合与底物结合，催化活性达到最大。
  - **最适 pH**
    酶促反应速度达最大时的溶液 pH 值称为最适 pH 值。大多数酶为中性、弱碱性或弱酸性。在测定酶活性时，应选用适宜的 pH，以保持酶活性的相对稳定。
- **激活剂**　某些物质能提高酶活性，使酶的活性从无到有或由低到高，这些物质称为酶的激活剂。例如 Cl^- 能增强唾液淀粉酶的活性，Mg^{2+} 是一些激酶的激活剂。
- **抑制剂**
  - **不可逆必抑制作用**
    有些抑制剂与酶活性中心的必需基团以共价键方式结合，使酶活性丧失。不能用物理方法除去，这样的抑制作用称不可逆性抑制作用。但这类抑制剂使酶活性受抑制后，可用化学方法如某些药物解毒，使酶恢复活性。如某些重金属离子（Hg^{2+}，Ag^+，As^{3+} 等）可与含有活性巯基的酶结合，使酶失去活性。
  - **可逆性抑制作用**
    与酶以非共价键的方式结合，用物理方法除去抑制剂后，酶的活性能够恢复，这种抑制作用称为可逆性抑制作用
    - **竞争性抑制作用**
      抑制剂［I］与酶作用的底物［S］结构相似
    - **非竞争性抑制作用**
      抑制［I］与底物［S］之间在结构上一般无相似之处
- **酶浓度**　在底物浓度足够大且无酶抑制剂存在时，酶促反应速度与酶浓度成正比
- **底物浓度**　在酶浓度和其他条件不变的情况下，底物浓度对反应速度的影响呈矩形双曲线

图 2-1　影响酶促反应速度的因素

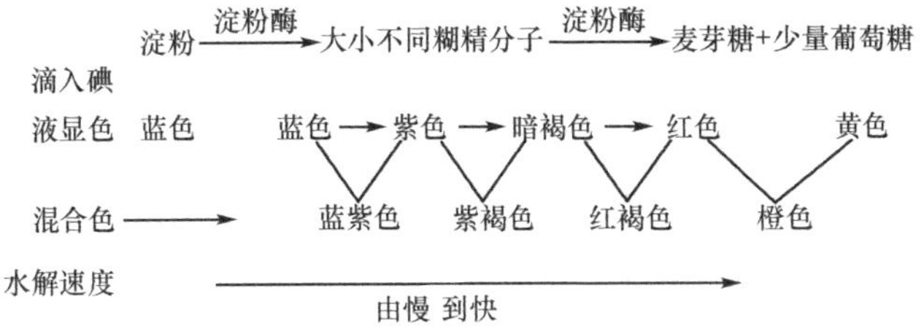

图 2-2　淀粉水解示意图

笔记栏

三、实验内容

（一）温度对酶促反应的影响

1. 取干净试管4支，编号按表2-1顺序操作。

表2-1 温度对酶促反应影响

试剂（滴）＼试管	1	2	3	4
pH6.8缓冲液	10	10	10	10
淀粉溶液	5	5	5	5
淀粉酶液	2	2	2	2
水浴10分钟	置于0～4℃		置于37℃	置于100℃
稀碘液	1	移至37℃水浴每分钟加碘液1滴	1	1
结果记录（颜色）				

2. 本实验4支试管中没有激活剂和抑制剂，底物浓度、酶浓度、pH值相同，观察温度不同的影响，找出最适温度。

（二）pH对酶促反应的影响

1. 取干净试管三支，按表2-2顺序操作。

表2-2 pH值对酶促反应影响

试剂（滴）＼试管	1	2	3
缓冲液	pH3.0（10）	pH6.8（10）	pH8.0（10）
淀粉溶液	5	5	5
淀粉酶	2	2	2
		37℃水浴（min）	
稀碘液	1	1	1
结果记录（颜色）			

笔记栏

2. 本实验3支试管中没有激活剂和抑制剂，底物浓度、酶浓度、温度相同，观察pH值不同的影响，找出最适pH值。

（三）激活剂与抑制剂对酶促反应的影响

1. 取干净试管四支，按表2-3顺序操作。

表2-3　激活剂和抑制剂对酶促反应影响

试剂（滴）＼试管	1	2	3	4
pH6.8缓冲液	10	10	10	10
淀粉溶液	5	5	5	5
	蒸馏水（5）	NaCl（5）	$CuSO_4$（5）	Na_2SO_4（5）
淀粉酶	1	1	1	1
37℃水浴min分钟				
稀碘液	1	1	1	1
结果记录（颜色）				

2. 本实验4支试管中底物浓度、酶浓度、pH值和温度相同，观察有激活剂和抑制剂存在下，各管变化，找出激活剂和抑制剂。

四、实验注意事项

1. 在滴加同一种试剂时，注意滴管口径要一致。
2. 置于100℃的试管，要等待冷却后再加入碘液，否则会挥发。

笔记栏

五、实验仪器和主要试剂

（一）试剂

10g/L 淀粉溶液（配制方法：取可溶性淀粉 1g，加 5ml 蒸馏水，调成糊状，再加蒸馏水 80ml，加热，使其溶解，最后用蒸馏水稀释至 100ml）。

淀粉酶或稀释唾液（将痰咳尽，用水漱口，再含蒸馏水 30ml，做咀嚼动作，2min 后吐入烧杯中，再用滤纸过滤后待用）。

不同 pH 缓冲溶液：

pH6.8 缓冲溶液（0.2mol/L 磷酸氢二钠镕液 772ml，0.1mol/L 柠檬酸溶液 228ml，混合）。

pH3.0 缓冲溶液（0.2mol/L 磷酸氢二钠溶液 515ml 与 0.1mol/L 柠檬酸溶液 485ml 混合）。

pH8.0 缓冲溶液（取 0.2mol/L 磷酸氢二钠溶液 972ml 与 0.1mol/L 柠檬酸溶液 28ml 混合）。

9g/L 氯化钠溶液。

1g/L 硫酸铜溶液。

1g/L 硫酸钠溶液。

蒸馏水。

（二）仪器

恒温水浴箱、冰袋、沸水锅。

六、思考讨论

1. 颜色变化与酶活性、催化反应速度之间有何关联？
2. 如何确定最适温度、最适 pH 值？

笔记栏

七、结果记录与分析

表 2-4　实验结果记录与分析

因素	试管	颜色	分析	结果
温度				
pH				
激活剂和抑制剂				

（郑弋萍）

笔 记 栏

实验三　琥珀酸脱氢酶活性测定

一、实验目的

证明组织中琥珀酸脱氢酶的活性及丙二酸对此酶的竞争性抑制作用。

二、实验原理

（一）相关理论知识

竞争性抑制作用特点：①抑制剂分子结构与底物分子结构相似，可与底物竞争性结合酶的活性中心，从而抑制酶的活性。如丙二酸、草酰乙酸及苹果酸与底物琥珀酸结构相似，能竞争性的与琥珀酸脱氢酶的活性中心相结合，生成酶-抑制剂复合物，但不能生成产物，而使生成酶-底物复合物的浓度降低，释放产物减少，显示出的琥珀酸脱氢酶活性下降。②竞争性抑制剂的抑制程度取决于抑制剂与酶的相对亲和力以及底物与抑制剂浓度的相对比例。如增加底物浓度，抑制剂浓度不变时，抑制作用减弱，显示出的酶活性增加；反之，显示出酶活性减弱。③当底物浓度远大于抑制剂浓度时，抑制作用可完全消除。

（二）原理

丙二酸与琥珀酸的分子结构相似，是琥珀酸脱氢酶的竞争性抑制剂。琥珀酸脱氢酶催化琥珀酸脱氢生成延胡索酸。在体内，琥珀酸脱下的2H经电子传递链传递，最后与氧结合生成水，并释放出能量。在体外则可用甲烯蓝（蓝色）作为受氢体，甲烯蓝接受琥珀酸脱下的2H而被还原为甲烯白（无色）（图3-1）。蓝色消退的快慢程度可指示琥珀酸脱氢酶的活性，因此，可依据蓝色消退时间来判断该酶活力被抑制的程度。

笔 记 栏

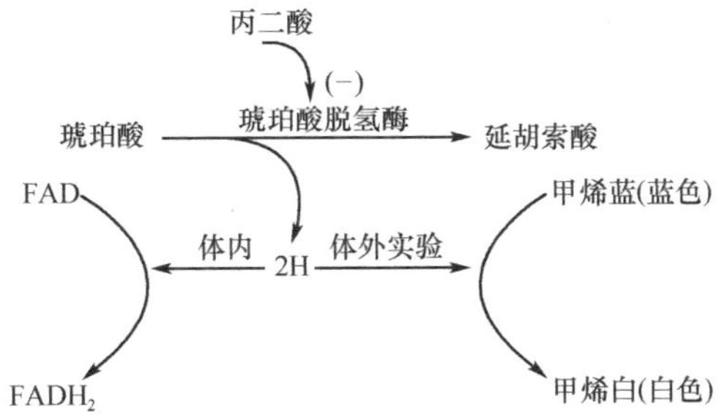

图 3-1　琥珀酸脱氢酶作用及其抑制

(−) 代表抑制

三、实验内容

1. 匀浆液的制备　用颈椎脱臼法处死家兔，立即剖腹将肝脏全部取出，用生理盐水洗净肝脏，充分研碎至糊状，然后分批加入少量磷酸缓冲液，边加边磨，总共加入 7ml，搅拌后离心约 5 分钟（3000 转/分），将上清液倒入另一试管中备用，此即为含有琥珀酸脱氢酶的匀浆液。

2. 取五支试管分别编号，按表 3-1 加入试剂。

表 3-1　琥珀酸脱氢酶活性及其抑制试剂表

管号	1.5% 琥珀酸钠	1% 丙二酸钠	pH7.4 磷酸缓冲液	匀浆液	0.02% 甲烯蓝
1	—	1ml	2ml	1ml	3 滴
2	1.5ml	0.5ml	1ml	1ml	3 滴
3	1ml	1ml	2ml	—	3 滴
4	2ml	—	1ml	1ml	3 滴
5	1ml	1ml	1ml	1ml	3 滴

3. 各管溶液混匀，加入适量液体石蜡盖住液面，以隔空气。

4. 38℃恒温水浴箱保温 15 分钟，取出观察各管中的颜色变化，记录各管蓝色消退的情况并记录。

四、实验注意事项

1. 肝脏一定要充分研磨至糊状，使琥珀酸脱氢酶尽量释放到溶液里。

笔记栏

2. 离心时注意离心管一定要精确平衡，并将重要相等的离心管对称放置。

3. 离心结束后拿取离心管时动作要轻柔，不要振荡离心管，以免肝糜液重新变浑浊。

4. 将各管溶液混匀后加适量液体石蜡后静置，此时不可摇动。恒温 15 分钟取出时切忌摇晃。

五、实验仪器和主要试剂

（一）试剂

pH7.4 磷酸缓冲。

1.5% 琥珀酸钠溶液。

1% 丙二酸钠溶液。

0.02% 甲稀兰溶液。

生理盐水。

液体石蜡。

（二）仪器

家兔、手术剪、镊子、匀浆器、量筒、烧杯、纱布、滤纸、试管及试管架、恒温水箱等。

六、思 考 讨 论

1. 抑制作用的分类及其特点？

2. 本实验中液体石蜡起什么作用？各管中的反应体系配好后为什么不能再摇动？恒温取出后若摇晃会有什么变化？

3. 制备肝浆时用磷酸缓冲液，可否换用蒸馏水，为什么？

笔 记 栏

七、结果记录与分析

表 3-2　琥珀酸脱氢酶活性及其抑制结果记录与分析

	1	2	3	4	5
恒温前颜色					
恒温后颜色					
酶活性	从强到弱排序　　> 　　> 　　> 　　>				
支持竞争性抑制实验依据					

（曹　华）

笔 记 栏

实验四　酮体生成和利用

一、实验目的

通过实验证明肝中酮体的生成。

二、实验原理

（一）相关理论知识

在心肌、骨骼肌等肝外组织中，脂肪酸经β氧化生成的乙酰辅酶A能彻底氧化生成CO_2和H_2O，而肝细胞因含有活性较强的合成酮体的酶系，β氧化生成的乙酰辅酶A除了彻底氧化生成CO_2和H_2O，还可以转变为酮体。包括乙酰乙酸、β-羟丁酸、丙酮。但肝细胞虽然具有较强的合成酮体的酶系，但缺乏利用酮体的酶系。因此，酮体是肝脏分解氧化脂肪酸时特有的中间代谢物。

（二）原理

利用丁酸作为底物，与肝组织匀浆（含有酮体生成所需的酶系）保温后由酮体生成。酮体可与含硝普钠（亚硝基铁氰化钠）的显色粉反应生成紫红色化合物，而经同样处理后的肌匀浆则不能产生酮体，因此与显色作用不产生显色反应。

笔记栏

三、实验内容

1. 肝匀浆和肌匀浆的制备　取家兔一只，断头猝死，迅速剖腹、取出肝和肌肉，剪碎放入匀浆器中，加入生理盐水，按重量：体积=1：3 制备成匀浆液。

2. 取 4 支试管，编号后按表 4-1 加入试剂。

表 4-1　酮体生成和利用试剂

加入物（滴）	1	2	3	4
洛氏液	15	15	150	15
0.5N 丁酸溶液	30	—	30	30
0.1N 磷酸缓冲液	150	15	15	15
肝匀浆	20	20	—	—
肌匀浆	—	—	—	20
蒸馏水	—	30	20	—

3. 将上列 4 支试管摇匀后，放置于 37℃ 恒温水浴箱中保温 40 分钟到 50 分钟。

4. 取出各管，各加入 15% 三氯醋酸溶液 20 滴，混匀，离心 5 分钟（3000 转/分）。

5. 取白瓷反应板一块，从上述 4 支试管中各取出 5 滴离心液分别置于反应板的个凹槽中，然后向 4 凹槽中各加入显色粉一小匙（约 0.1g），观察并记录每个凹槽内颜色反应，并解释之。

笔 记 栏

四、实验注意事项

1. 注意肝匀浆与肌匀浆不可交叉污染。

2. 在白瓷反应板中加入离心液与显色粉用搅拌时，要注意每次搅拌前必须清洗玻棒。

五、实验仪器和主要试剂

（一）试剂

9g/L 氯化钠溶液（生理盐水）。

洛氏液：氯化钠 0.9g，氯化钾 0.042g，氯化钙 0.024g，碳酸氢钠 0.02g，葡萄糖 0.1g，将以上药品混合溶于水中，溶解后加水至 100ml。

0.5mol/L 丁酸溶液：取 44g 丁酸溶液溶于 0.1mol/L 氢氧化钠溶液中，并用 0.1mol/L 氢氧化钠溶液稀释至 1000ml。

0.1mol/L 磷酸盐缓冲液（pH7.6）。

150g/L 三氯醋酸溶液。

显色粉：硝普钠 1g，无水碳酸钠 30g，硫酸铵 50g，混合后碾碎。

（二）仪器

家兔、手术剪、镊子、瓷盘、匀浆器、量筒、烧杯、纱布、滤纸、试管及试管架、恒温水箱等。

六、思考讨论

为什么只有在肝外组织，酮体才可以被氧化利用？

笔记栏

七、结果记录与分析

表 4-2　记录各试管颜色变化并解释分析

记录	1	2	3	4
保温前颜色				
保温后颜色				
加显色粉后颜色				
是否有酮体生成				
原因分析				

（曹　华）

笔　记　栏

实验五　转氨基作用

一、实验目的

1. 通过实验验证体内转氨基作用。
2. 理解谷丙转氨酶（ALT）测定的临床意义。

二、实验原理

（一）相关理论知识

转氨基作用是指在转氨酶（transaminase）的作用下，某一氨基酸去掉α-氨基生成相应的α-酮酸，而另一种α-酮酸得到此氨基生成相应的氨基酸的过程。转氨基作用是氨基酸代谢的重要反应之一，由转氨酶催化。经转氨后，原来的α-氨基酸变成了相应的α-酮酸，原来的α-酮酸则成为新的相应的α-氨基酸。

体内存在多种转氨酶，但以催化*L*-谷氨酸与α-酮酸的转氨酶最为重要。例如，谷氨酸丙酮酸氨基转移酶（ALT）（又称谷丙转氨酶，GPT）和谷氨酸草酰乙酸氨基转移酶（AST）。各种转氨酶均以磷酸吡哆醛或磷酸吡哆胺为辅酶，该辅酶在反应过程中起传递氨基作用。催化的反应如下：

$$\text{谷氨酸+丙酮酸} \xrightleftharpoons{\text{ALT}} \alpha\text{-酮戊二酸+丙氨酸}$$

$$\text{谷氨酸+草酰乙酸} \xrightleftharpoons{\text{AST}} \alpha\text{-酮戊二酸+天冬氨酸}$$

正常情况下，转氨酶主要分布在细胞内，在血清中活性很低，在各组织中又以分布在肝、心的活性最高。当某种原因使细胞膜通透性增高，或因组织坏死、细胞破裂，可有大量的转氨酶释放入血，引起血中转氨酶活性增高。例如，急性肝炎时血清中的ALT活性明显升高，心肌梗死时血清中AST活性明显上升。此种检查在临床上可作为协助诊断和预后判断肝、心疾病的指标

笔记栏

之一。

（二）原理

在谷氨酸丙酮酸氨基转移酶（ALT）催化下，*L*-丙氨酸与α-酮戊二酸发生氨基移换反应，生成丙酮酸和*L*-谷氨酸，加入2，4-二硝基苯肼终止上述反应，并与丙酮酸生成丙酮酸-2，4-二硝基苯腙，苯腙在碱性条件下呈红棕色。本实验以肝和肌组织进行比较，用颜色的深浅表示酶活性的大小。其反应式如下：

$$L\text{-丙氨酸}+\alpha\text{-酮戊二酸} \xrightleftharpoons{\text{ALT}} \text{丙酮酸}+L\text{-谷氨酸}$$

$$\text{丙酮酸}+2,4\text{-二硝基苯肼} \xrightleftharpoons{OH^-} \text{丙酮酸-}2,4\text{-二硝基苯腙（红棕色）}$$

三、实验内容

1. 将家兔或豚鼠处死后，立即取出肝和肌组织，分别以冻生理盐水洗去血液。各取10g组织，分别剪碎，加pH7.4缓冲液10ml，添加少量细砂于研钵中研成匀浆后，再加pH7.4缓冲液20ml混匀，用棉花过滤，分别制成肝浸液和肌组织浸液。

2. 取三支试管，标号，按表5-1操作。

表5-1　转氨基作用操作步骤

试剂	1	2	3
基质液（ml）	1	1	1
肝浸液（滴）	3	—	—
肌浸液（滴）	—	3	—
生理盐水（滴）	—	—	3
混匀，置37℃水浴保温20分钟			
2，4-二硝基苯肼溶液（滴）	10	10	10
混匀，置37℃水浴保温20分钟			
0.4mol/L NaOH溶液（ml）	5	5	5

笔记栏

混匀后，比较三管的颜色，确定是否发生了转氨基作用及哪种组织 GPT 活性高，得出定性结论，并将实验结果记录下来，加以解释。

四、实验注意事项

1. 正确使用刻度移液管，保证取样准确。
2. 两次保温时间要准确，保证反应时间和及时终止反应。
3. 基质液中 α-酮戊二酸和显色剂 2，4-二硝基苯肼均为呈色物质，称量一定要准确。

五、实验仪器和主要试剂

（一）试剂

0.1mol/L pH7.4 磷酸盐缓冲液：称取磷酸氢二钠 11.928g，磷酸二氢钾 2.176g，溶于 1000ml 蒸馏水中。加三氯甲烷数滴，4℃保存。

谷丙转氨酶基质液：精确称取 DL-丙氨酸 1.79g，α-酮戊二酸 29.2mg，先溶于约 50ml 的 0.1mol/L 磷酸盐缓冲液中，用 0.1mol/L NaOH 调 pH 至 7.4，再加 0.1mol/L 磷酸盐缓冲液至 100ml，混匀，加三氯甲烷数滴，4℃保存，可稳定数周。

1.0mmol/L 2，4-二硝基苯肼溶液：精确称取 2，4-二硝基苯肼 19.8mg，用 10mmol/L 盐酸 10ml 溶解后，加蒸馏水至 100ml，置棕色玻璃瓶中，室温中保存，若有结晶析出，应重新配制。

0.4mol/L NaOH 溶液：称取 NaOH 16.0g 溶解于蒸馏水中，并加蒸馏水至 1L，置塑料试剂瓶中保存。

冻生理盐水。

（二）仪器

研钵、滴管、漏斗、恒温水浴箱、脱脂棉、试管及试管架等。

笔记栏

六、思考讨论

1. 哪几支管发生了转氨基作用，为什么？生成的颜色不同又说明了什么？

2. 谷氨酸丙酮酸氨基转移酶（ALT）的测定在临床上有何意义？

七、结果记录与分析

表 5-2 转氨基作用结果记录与分析

试管	颜色	分析	结果
1			
2			
3			

（韦带莲）

第二部分

综合性实验

实验六　基本操作

一、试管基本操作

（一）试管的规格

常用的规格为 10mm×75mm、13mm×100mm、15mm×150mm 等，用玻璃或塑料制成。试管规格和质量的选择依实验而定。

（二）试管主要用途

1. 盛取液体或固体试剂。
2. 加热少量固体或液体。
3. 制取少量气体反应器。
4. 收集少量气体用。
5. 溶解少量气体、液体或固体的溶质。

（三）使用注意事项

1. 装溶液时不超过试管容量的 1/2，加热时不超过试管的 1/3。

笔记栏

2. 试管可以直接加热，加热使用试管夹、试管口不能对着人。加热盛有液体的试管时，管口稍向上倾斜约45°；加热盛有固体的试管时，管口稍向下倾斜约45°。

3. 受热要均匀，以免暴沸或试管炸裂。

4. 加热后不能骤冷，防止破裂。

5. 加热时要预热，防止试管骤热而爆裂。

6. 加热时要保持试管外壁没有水珠，防止受热不均匀而爆裂。

7. 加热后不能在试管未冷却至室温时就洗涤试管。

二、吸量管基本操作

生化试验中最常用的玻璃仪器除了试管外，就是吸量管。吸量管是能准确量取一定体积液体的玻璃仪器。

（一）吸量管的种类

常用的有三类：

1. 奥氏吸量管　适用于准确量取0.5ml、1ml、2ml液体，吸量管上只有一个刻度；放液时，必须吹出残留在吸量管尖端的液体。

2. 移液管　适用于准确量取5ml、10ml、25ml等较多的液体。吸量管上只有一个刻度；放液后，要将吸量管尖端在容器内壁上停留15秒，注意不要吹出尖端最后剩下的液体。

3. 刻度吸量管　适用于量取10ml以下任一体积的液体，此类吸量管应用最广。吸量管上有许多等分刻度，刻度标记有不同的方式。

常见有完全流出式和不完全流出式。①完全流出式：一般包括尖端部分，欲将所量取液体全部放出时，须将残留管尖的液体吹出，此类吸量管的上端常标有“吹”字。②不完全流出式：若吸量管上端未标有吹字样，则残留管尖的液体不必吹出，其刻度不包括吸量管的最后一部分，使用时将液体放至相应的容量刻度处即可。近来为便于准确快速地选取所需的吸量管，国际标准化组织统一规定：在刻度吸量管的上方印上各种彩色环，不完全流出式在单环或双环的上方再加印一条宽1～1.5mm同

笔记栏

颜色的彩环。

（二）吸量管的操作方法

1. 吸取溶液时，一般用右手的大拇指和中指拿住管颈刻度线的上方，把管尖插入溶液中。

2. 左手拿洗耳球，先把球内的空气压出，然后把洗耳球的尖端接在吸量管口，慢慢松开左手指，使溶液吸入管内。

3. 当液面升高至刻度以上时，移开洗耳球，立即用右手的食指按住管口，大拇指和中指拿住吸量管刻度线上方，再使吸量管离开液面，此时管的尖端仍要靠在盛溶液器皿的内壁上。

4. 略微放松食指，使管内的液面平衡下降，直到溶液的凹面与刻度标线相切时，立即用食指压紧管口，取出吸量管。

5. 将盛有液体的吸量管插入接受的器皿中，注意管尖要靠在接受器皿的内壁，此时吸量管应垂直，接受的器皿应约呈15°夹角。

6. 松开食指，让管内的溶液自然地沿器壁流下，遗留在吸量管尖端的溶液及停留的时间，要根据吸量管的种类进行不同处理。

7. 吸血液、血清等黏稠液体及标本（尿液）的吸量管，使用后要及时用自来水冲洗干净。吸一般试剂的吸量管可不必马上冲洗，待实验完毕后再冲洗。冲洗干净，最后用蒸馏水冲洗，晾干备用。

（三）吸量管使用的注意事项

1. 应根据不同的需要，选用合适的吸量管，以免发生误差。

2. 如吸量管不干燥，应预先用所要吸取的溶液将吸量管润洗2～3次，以确保所吸取溶液的浓度不变。

3. 吸取溶液时，要把吸量管的尖端插入溶液深处，避免吸入空气而将溶液从上端溢出。

4. 吸量管从液体中移出后，必须用滤纸将管的外壁擦干，再行放液。

5. 整个操作过程中，吸量管要始终保持垂直。

笔记栏

三、离心机基本操作

（一）原理

离心机是利用离心力把溶液中的粒子进行分离的一种仪器。所谓离心力是指物体作圆周运动时形成的一种使物体脱离圆周运动中心的力。离心力的单位为g，即重力加速度（980.6cm/s^2），离心力的大小可根据离心时的旋转速度（r/min，每分钟转速）和物体离旋轴中心的距离 r（cm）按下式计算：

$$g=r\times v^2\times 1.118\times 10-5$$

或按下式计算所需要的转速

$$v=[(g\times 89445)/r]-2$$

（二）分类

1. 分级离心法 非均一的粒子悬浮液在离心机中离心时，各种粒子以各自的沉降速度移向离心管底部，逐步在底部形成一层沉淀物质。这层沉淀物质含有各种组分，但是最多的是那些沉降得最快的组分。为了分出某一些特定的组分，通常需要进行一系列离心。通常先选择一个离心速度和离心时间，进行第一次离心，使大部分不需要的大粒子沉降去掉。这时需要的组分大部分仍留在上清液内。然后将收集到的上清液用更高的转速离心，把需要的粒子沉积下来。离心时间要选择得当，使大部分不需要的小粒子仍留在上清液中。倾去上清液，再把沉淀悬浮起来，用较低转速离心。如此反复直至达到所需纯度。

2. 密度梯度离心法 具有很好的分辨能力，可同时使样品中几个或全部组分分离。将样品粒子在一个密度梯度介质中离心，这个介质由一合适的小分子和样品粒子可在其中悬浮的溶剂组成。离心时离轴心愈远介质密度愈大。

（三）使用方法

1. 应先将离心机放在稳定的台面上，放平、放稳，检查离心机转动状态

笔记栏

是否平稳，以确定离心机的性能。

2. 检查套管与离心管大小是否相配，离心管应能在套管内自由转动不至太紧，套管软垫（用棉花或橡皮）是否铺好。套管底部是否有碎玻璃片或漏孔（玻璃片必须取出，漏孔经修补好后才能使用）。

3. 检查合格后，将一对离心管分别放入一对套管中，然后连同套管一起分别置粗天平两侧，使两侧的总重量平衡（包括离心管、离心套管、离心管内装溶液的重量的总和），用滴管向较轻的一侧离心管与套管之间加水，直至天平两侧彼此相等为止。将各对已平衡的套管连同内容物放置于离心机内，两个等重的管必须放在对称位置，严禁在对称两侧离心管套中，仅一侧放置离心管。

4. 将离心管放好后，应先盖好离心机盖，检查所需电源电压的大小，再按要求将电源接通。打通电源开关，逐步旋转转速旋钮，速度调节应缓慢，增加离心机转速直至所需的转速。

5. 离心机转动时，如果机身不稳或声音不均匀时，应立即停止离心，重新检查重量是否对称和离心机是否放平稳。离心时，玻璃管、套管打碎应立即清除，重新配平后再离心。

6. 离心达规定时间后，将转速旋钮逐步回转到零。再关闭电源。不可以用手强制使其停止转动，因这样既损伤离心机，同时沉淀又可能被搅动浮起，待离心机停稳后，取出离心管及管套，最后将电源插头拔下。

（四）注意事项

离心机使用时有几点注意事项。

1. 离心前，要将待离心的样品两两配平，然后将配平的样品对称放置于离心机中。

2. 离心机启动后，要逐渐将速度提升到所需的转速，不可突然将速度提升得太高，以免损坏离心机。

3. 使用完毕后，要及时清洁离心机及相关器皿（如离心管等）。

4. 离心机由于高速旋转，需经常进行检查与保养，注意防潮、防止过冷、过热，以及腐蚀药品的污染。

笔记栏

四、实验报告书写

实验结束后，应及时整理和总结实验结果及记录，按照下列顺序写出实验报告。

1. 实验名称。

2. 实验目的。

3. 实验原理 简要归纳，最好使用化学反应式。

4. 操作步骤。

5. 实验结果 将一定实验条件下获得的实验结果和数据进行整理、归纳、分析和对比，并尽量总结成各种图表，如原始数据及其处理的表格、标准曲线图以及实验组与对照组实验结果的比较图等。

6. 结果分析和讨论 讨论部分不是对实验结果的重述，而是对实验方法（或操作技术）和有关实验的一些问题，如对实验结果正常和异常现象进行探讨和评论，以及对于实验设计的认识、体会和建议；对实验课的改进意见等。

最后注明操作者姓名，实验日期。

（韦带莲）

笔记栏

实验七　分光光度计（722 型）基本操作

一、实 验 目 的

1. 通过实验使学生掌握 722 型分光光度计的工作原理和仪器正确使用要点。

2. 为后续实验课生化项目的定量分析奠定基础。

二、测 量 原 理

（一）相关知识

光是一种电磁波，具有一定的波长和频率。可见光的波长范围在 400 ~ 760nm，紫外光为 200 ~ 400nm，红外光为 760 ~ 500 000nm。可见光因波长不同呈现不同颜色，这些波长在一定范围内呈现不同颜色的光称单色光。太阳或钨丝等发出的白光是复合光，是各种单色光的混合光。利用棱镜可将白光分成按波长顺序排列的各种单色光，即红、橙、黄、绿、青、蓝、紫等，这就是光谱。有色物质溶液可选择性地吸收一部分可见光的能量而呈现不同颜色，而某些无色物质能特征性地选择紫外光或红外光的能量。物质吸收由光源发出的某些波长的光可形成吸收光谱，由于物质的分子结构不同，对光的吸收能力不同，因此每种物质都有特定的吸收光谱，而且在一定条件下其吸收程度与该物质的浓度成正比，分光光度法就是利用物质的这种吸收特征对不同物质进行定性或定量分析的方法。

（二）仪器工作原理

1. 原理　溶液中的物质在光照射激发下，产生对光吸收的效应，物质对光吸收具有选择性，不同的物质都具有各自的吸收光谱。因此，当某单色光通过溶液时，其能量就会被吸收而减弱，符合朗伯-比尔（Lambert-Beer）

笔 记 栏

定律。

$$T=I_t/I_o$$

$$\log I_o/I_t=KCL$$

$$A=KCL$$

其中，T 为透光度，I_o 为入射光，I_t 为透射光强度，A 为吸光度，K 为吸光系数，L 为溶液光径长度，C 为溶液的浓度。

从以上公式可知，当入射光强度、吸光系数和溶液的光径不变时，透过光强度是根据溶液的浓度而变化的。通过测定待测液的吸光度（A），即可计算出待测液浓度（C）。

2. 利用标准管计算测定物含量　实际测定过程中，用一已知浓度的测定物按测定管同样处理显色，读取吸光度，再根据式（7-1）计算，即

$$A_1=K_1C_1l_1$$

$$A_2=K_2C_2l_2 \qquad (7\text{-}1)$$

式中，A_1、A_2 分别为已知标准溶液和未知待测溶液吸光度。c_1、c_2 分别为已知标准溶液浓度和未知待测溶液浓度。因盛标准溶液和测定溶液的比色杯径长相同（$l_1=l_2$），故式（7-1）可写成：

$$A_1/K_1C_1=A_2/K_2C_2 \qquad (7\text{-}2)$$

因标准液和测定液中溶质为同一物，K 值相同，即式（7-2）可换算成式（7-3）：

$$C_2=(A_2/A_1)\times C_1 \qquad (7\text{-}3)$$

因测定液和标准液在处理过程中体积相同，故式（7-3）可写成：

$$m_2=(A_2/A_1)\times m_1 \qquad (7\text{-}4)$$

式中，m_1、m_2 分别表示标准液和测定液中待测物的含量。式（7-3）、式（7-4）为实验操作中常用计算式。

（三）仪器的结构

722 型分光光度计由光源室、单色器、试样室、光电管暗盒、电子系统及数字显示器等部件组成。光源为钨卤素灯，波长范围为 330～800nm。单色器中的色散元件为光栅，可获得波长范围狭窄的接近于一定波长的单色光。其外部结构如图 7-1 所示。722 型分光光度计能在可见光谱区域内对样品物质作定性和定量分析，其灵敏度、准确性和选择性都较高，因而在教学、科研和生产上得到广泛使用。

笔记栏

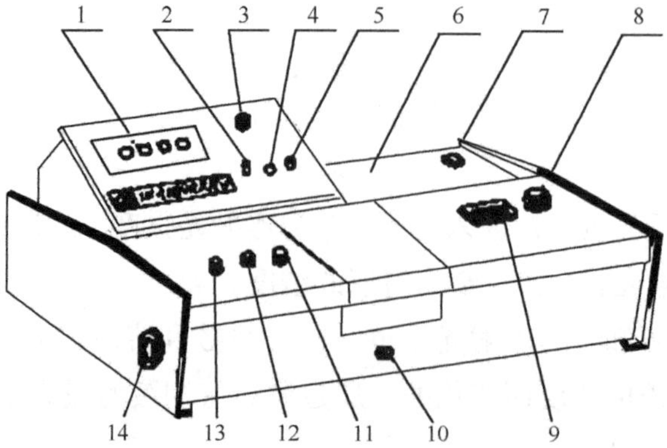

图 7-1　722 型分光光度计外观示意图

1. 数字显示器；2. 吸光度调零旋钮；3. 选择开关；4. 吸光度调斜率电位器；5. 浓度旋钮；6. 光源室；7. 电源开关；8. 波长旋钮；9. 波长刻度窗；10. 试样架拉手；11. 100% T 旋钮；12. 0% T 旋钮（0 旋钮）；13. 灵敏度调节旋钮；14. 干燥器

三、使 用 方 法

1. 在接通电源前，应对仪器的安全性进行检查，电源线接线应牢固，接地线通地要良好，各个调节旋钮的起始位置应该正确，然后再接通电源。

2. 将灵敏度调节旋钮调至“1”档（放六倍率最小），调波长旋钮至所需波长。

3. 开启电源开关，指示灯亮，选择开关置于“T”，调节透光度“100% ”旋钮，使数字显示“100. 0”左右，预热 20 分钟。

4. 打开吸收地暗室盖（光门自动关闭），调节“0”旋钮，使数字显示为“00. 0”，盖上吸收地盖，将盛蒸馏水（或空白溶液，或纯溶剂）的比色皿放入比色皿座架中的第一格内，并对准光路，使光电管受光，调节透光度“100% ”旋钮，使数字显示为“100. 0”。

5. 如果显示不到“100”，则可适当增加电流放大器灵敏度档数，但应尽可能使用低档数，这样仪器将有更高的稳定性。当改变灵敏度后必须按 4 步重新校正“0”和“100”。

6. 按 4 步连续几次调整“00. 0”和“100”后，将选择开关置于 A，调节吸光度调零旋钮，使数字显示“0. 000”。然后将待测溶液推入光路，显示

笔记栏

值即为待测样品的吸光度值 A。

7. 浓度 C 的测量 选择开关由“A”旋至“C”，将标准溶液推入光路，调节浓度旋钮，使得数字显示值为已知标准溶液浓度数值。将待测样品溶液推入光路，即可读出待测样品的浓度值。

8. 关机 实验完毕，切断电源，将比色皿取出洗净，将液体倒入废液缸，以自来水冲洗比色皿两遍，再用蒸馏水冲洗比色皿两遍，倒置滤纸上以备用，并将比色皿座架用软纸擦净。

四、使用注意事项

1. 使用前，使用者应该首先了解本仪器的结构和原理，以及各个旋钮或之功能。

2. 为了防止光电管疲劳，不测定时必须将试样室盖打开，使光路切断，以延长光电管的使用寿命；当仪器停止工作时，切断电源，电源开关同时切断，并罩好仪器。

3. 取拿比色皿时，手指只能捏住比色皿的毛玻璃面，而不能碰比色皿的光学表面。

4. 比色皿不能用碱溶液或氧化性强的洗涤液洗涤，也不能用毛刷清洗。比色皿外壁附着的水或溶液应用擦镜纸或细而软的吸水纸吸干，不要擦拭，以免损伤它的光学表面。

5. 每次改变波长测量时，必修重新校正透光率 100%。如果大幅度改变测试波长时，在调整“00.0”和“100”后稍等片刻（因光能量变化急剧，光电管受光后响应缓慢，需一段光响应平衡时间），当稳定后，重新调整“00.0”和“100”即可工作。

6. 比色皿在盛装样品前，用所盛装样品冲洗两遍，测量结束后比色皿应用蒸馏水洗干净放起。若比色皿内有颜色挂壁，可用无水乙醇浸泡清洗。

五、测定 2% 硫酸铜溶液的吸光度（A）

利用 722 型分光光度计测定 2% 硫酸铜溶液的吸光度（A），熟悉分光光

笔记栏

度计测定物质含量的原理和方法，熟悉并掌握分光光度计的使用。

六、实验仪器和主要试剂

（一）试剂

2% 硫酸铜溶液。
蒸馏水。

（二）仪器

722 型分光光度计、烧杯。

七、思考讨论

1. 请简述 722 型分光光度计基本使用过程。
2. 使用 722 型分光光度计有何注意事项？

（韦带莲）

笔记栏

实验八　血 糖 测 定

一、实 验 目 的

1. 学会使用721型分光光度计测定血糖。
2. 理解葡萄糖氧化酶法测定血糖原理及血糖浓度变化的意义。

二、实 验 原 理

（一）相关理论知识

血糖（blood sugar）指血中的葡萄糖。血糖含量随进食、运动等变化而有所波动，但空腹血糖水平相当恒定，维持在3.61～6.11mmol/L（中国2型糖尿病防治指南2010版）之间，这是进入和移出血液的葡萄糖平衡的结果。血糖来源和去路如图8-1所示。

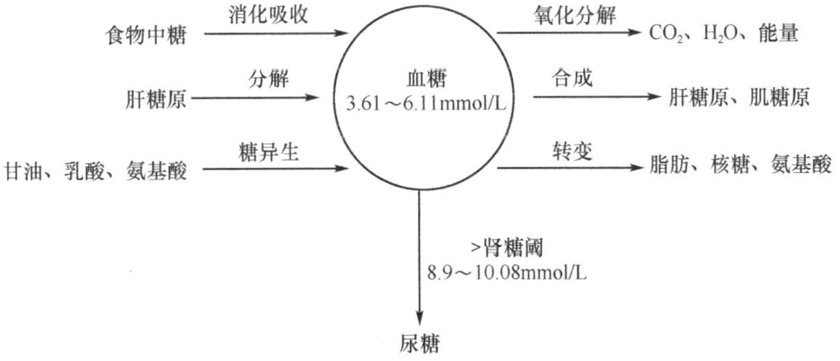

图8-1　血糖来源和去路

调节血糖平衡：①脏器主要有肝脏和肌肉组织；②激素有降低血糖的胰岛素和升高血糖的胰高血糖素、糖皮质激素、肾上腺素等。血糖浓度的相对恒定对保证组织器官、特别是大脑的正常生理活动具有重要生理意义。

笔 记 栏

许多疾病如神经系统疾患、内分泌失调、肝疾病、肾疾病及某些酶的遗传性缺陷等都可引起糖代谢障碍而使血糖水平出现异常。常见的有：①低血糖，空腹血糖浓度低于2.8mmol/L。当血糖水平过低时会出现头晕、心悸、倦怠、饥饿感等，严重时出现昏迷，称为低血糖休克，如不及时给患者补充葡萄糖，甚至可导致死亡。②高血糖，临床上以空腹血糖高于7.0mmol/L为标准。持续性高血糖和糖尿，特别是空腹血糖水平和糖耐量曲线高于正常，主要见于糖尿病（diabetes mellitus）。糖尿病是一种常见的、有一定遗传倾向的代谢性疾病。

（二）原理

葡萄糖氧化酶（GOD）将葡萄糖氧化为葡萄糖酸和过氧化氢，后者在过氧化物酶（POD）和色素原性氧受体存在下，将过氧化氢分解为水和氧，同时使色素原性氧受体4-氨基安替比林和酚去氢缩合为红色醌类化合物，即Trinder反应。其色泽深浅在一定范围内与葡萄糖浓度成正比。其反应式如下：

$$\text{葡萄糖}+O_2+H_2O \xrightarrow{\text{GOD}} \text{葡萄糖酸内酯}+H_2O_2$$

$$2H_2O_2+\text{4-氨基安替比林}+\text{酚} \xrightarrow{\text{POD}} \text{红色醌类化合物}$$

三、实验内容

1. 用蒸馏水将1%苯酚溶液稀释至0.1%。

2. 将酚溶液与等量酶试剂混合成酶酚混合液（试剂盒为试剂R_1与R_2按1∶1混合，即为工作液）。

3. 按表8-1加入各溶液。

表8-1 葡萄糖氧化酶法测定血糖

加入物（ml）	测定管（空腹）	标准管	空白管
血清（空腹）	0.02	—	—
葡萄糖标准液	—	0.02	—
蒸馏水	—	—	0.02
酶酚混合试剂	3.0	3.0	3.0

笔记栏

4. 分别向各管中加入酶酚混合液 3.0ml，混匀各管，置 37℃水浴 20 分钟。

5. 取出，在 505nm 波长下，以空白管调零，读取吸光度。将各管与标准管比较颜色深浅，得出定性结论，并将实验结果记录下来，加以解释。

四、实验注意事项

1. 正确使用微量取样器，保证取样准确。
2. 血清样品要新鲜。

五、实验仪器和主要试剂

（一）试剂

0.1mol/L 磷酸缓冲液。

酶试剂（过氧化物酶、葡萄糖氧化酶、4-氨基比林溶于磷酸盐缓冲液中）。

酚溶液（100mg 重蒸馏酚溶于 100ml 蒸馏水中）。

12mmol/L 苯甲酸溶液。

葡萄糖标准液 5mmol/L。

（二）仪器

微量取样器、721 或 722 型分光光度计。

六、思考讨论

1. 血糖相对稳定有什么好处？
2. 假如糖尿病患者在使用胰岛素，但仍然需要控制食物中糖，为什么？

笔记栏

七、结果记录与分析

1. 计算

葡萄糖含量（mmol/L）= 测定管吸光度/标准管吸光度×标准管浓度

2. 分析。

（郑弋萍）

笔记栏

实验九　RNA 提取与鉴定

一、实 验 目 的

1. 熟悉浓盐法提取 RNA 的基本原理。
2. 掌握 RNA 分子的结构特点及 RNA 与 DNA 化学组成区别。

二、实 验 原 理

（一）相关理论知识

RNA（核糖核酸，即 ribonucleic acid）是由核糖核苷酸经磷二酯键缩合而成的长链分子。一个核糖核苷酸分子由磷酸、核糖和碱基构成。RNA 的碱基主要有 4 种：A 腺嘌呤、G 鸟嘌呤、C 胞嘧啶、U 尿嘧啶（本实验只鉴定碱基中的嘌呤），此外还有一些稀有碱基（如二氢嘧啶、次黄嘌呤等）。U（尿嘧啶）取代 DNA 中的 T（胸腺嘧啶）而成为 RNA 的特征碱基。RNA 一般为单链分子，不形成双螺旋结构，但一些 RNA 也需要通过碱基配对形成二级结构乃至三级结构来行使生物学功能。RNA 的碱基配对规则 A-U、G-C 配对（G-U 有时也可配对），而 DNA 则是 A-T、G-C（表 9-1）。

表 9-1　DNA 与 RNA 的比较

	DNA	RNA
主要存在部位	细胞核	细胞质
基本组成单位	脱氧核苷酸	核糖核苷酸
碱基种类	A、G、C、T	A、G、C、U
五碳糖种类	脱氧核糖	核糖
核苷酸链	两条脱氧核苷酸链	一条核糖核苷酸链

在细胞中根据结构功能的不同，RNA 主要分三类：tRNA（转运 RNA）、rRNA（核糖体 RNA）、mRNA（信使 RNA）。mRNA 是合成蛋白质氨基酸链

笔 记 栏

的模板。tRNA 是 mRNA 上碱基序列（即遗传密码子）的识别者和氨基酸的转运者。rRNA 与蛋白质组成核糖体（蛋白质合成的工作场所）。

此外，还有一种特别的 RNA——核酶。核酶（ribozyme）是指具有催化活性的 RNA，其化学本质是核糖核酸（RNA），具有催化功能。

（二）原理

酵母富含核酸，其中主要为 RNA（约占干重 3% ~10%），DNA 较少（仅占干重的 0.5% 以下），因此酵母是制取 RNA 的良好材料。本实验采用浓盐法（盐析作用）提取 RNA，用 10% NaCl 使 RNA 核蛋白中的 RNA 解聚，并溶于盐溶液中，离心除去菌体残渣及变性蛋白质后，调节溶液的 pH 至 RNA 的等电点，RNA 即沉淀析出。

浓盐法提取的 RNA 为变性及部分降解的 RNA。工业上可将其进一步水解以制备各种核苷酸、核苷和碱基等。

RNA 的各种成分以下列反应鉴定：

1. 磷酸　能与钼酸作用生成磷钼酸，后者在还原剂作用下还原成蓝色的钼蓝。

2. 核酸　能与酸共热生成糠醛，后者与苔黑酚反应生成绿色化合物。

3. 嘌呤碱　与硝酸银产生白色的嘌呤银化合物沉淀。

三、实验内容

（一）酵母 RNA 的提取

1. 取干酵母 0.3g，用研钵捣碎，置离心管内，加入 10% NaCl 5ml，混匀后置沸水浴，加热 10 分钟。

2. 取出离心管，流水淬冷后 3000r/min，离心 5 分钟。

3. 上清液倾入另一支离心管中，逐滴加入 6mol/L HCl，边加边摇匀，随着 pH 下降，RNA 逐渐析出，调 pH 至 2.0 ~2.5 接近 RNA 等电点时（肉眼观察出现大量沉淀即可）沉淀最多。静置几分钟后，3000r/min 离心 5 分钟，收集沉淀。可用少量乙醚洗涤以除去脂质和色素等杂质，提高 RNA 的纯度。

笔记栏

（二）RNA 的水解

在上述 RNA 沉淀中加入 10% 硫酸 5ml 搅匀，沸水浴中加热 10 分钟，使 RNA 水解，即为 RNA 水解液。

（三）RNA 成分鉴定

1. 磷酸的鉴定　取试管一支，加入 10 滴 RNA 水解液，再加钼酸铵试剂 10 滴及 4% 维生素 C 6 滴，摇匀，沸水浴中加热，观察颜色变化。

2. 核糖的鉴定　取试管一支，加入 10 滴 RNA 水解液，再加 20 滴 Fe^{3+}-HCl 试剂及 5% 苔黑酚溶液 2 滴，混匀，沸水浴中加热，观察颜色变化。

3. 嘌呤碱的鉴定　取试管一支，加入 0. 1mol/L 硝酸银 10 滴，在逐滴加入 1mol/L 氨水至沉淀消失（制成银氨溶液），然后加入 RNA 水解液 10 滴，静置片刻，观察有无白色嘌呤银化合物沉淀生成。

四、实验注意事项

1. 离心机使用时应注意两两中心对称的平衡原则。

2. 本实验共两次离心，第一次离心取上清液，第二次离心取下面沉淀。

五、实验仪器和主要试剂

（一）试剂

干酵母片或干酵母（食母生）片。

10%　NaCl 溶液。

6mol/L HCl。

乙醚（可选用）。

10%　H_2SO_4。

钼酸铵试剂：2g 钼酸铵溶于 100ml 10%　H_2SO_4。

4%　维生素 C 溶液。

笔记栏

0.1mol/L 硝酸银溶液。

1mol/L 氨水。

Fe^{3+}-HCl 试剂：0.99g 硫酸高铁铵［$NH_4Fe(SO_4)_2 \cdot 12H_2O$］溶于1000ml 浓盐酸中。

5% 苔黑酚（3，5-二羟基甲苯）乙醇溶液。

（二）仪器

研钵、离心机、水浴锅。

六、思考讨论

1. 为什么两性电解质在 pI 处会出现沉淀？
2. 写出 RNA 在蛋白质生物合成（翻译）过程中的主要作用？

七、结果记录与分析

表 9-2 RNA 成分鉴定结果记录与分析

鉴定成分	颜色	沉淀	分析
磷酸			
核糖			
碱基			

（黄 磊）

笔记栏

实验十　肾功能项目（肌酐与尿素氮测定）

一、实验目的

1. 掌握两点法测定肌酐的原理及操作方法。
2. 掌握二乙酰一肟法测定血清尿素氮的原理及临床意义。

二、实验原理

（一）相关理论知识

肌酐是蛋白质分解代谢产物，血清肌酐（serum creatinine，Scr）由外源性和内生性两类组成。血中的肌酐主要由肾小球滤过排出体外，肾小管基本不重吸收且排泌量也较少，在外源性肌酐摄入量稳定的情况下，血中的浓度取决于肾小球滤过能力，当肾实质损害，血中肌酐浓度就会急剧上升，故测定血中肌酐浓度可作为肾小球率过滤受损的指标。血清尿素氮（blood urea nitrogen，BUN）主要是体内氨基酸代谢产生的氨，经肝脏生成尿素，肾小球滤过随尿排出。肾小管也有排泌，当肾实质受损害时，肾小球滤过率降低，致使血浓度增加，因此，血清尿素浓度的测定是临床上应用较多的反映肾小球滤过功能的常用指标。

（二）原理

1. 肌酐与碱性苦味酸试剂反应生成黄红色络合物，在 500nm 处选择线性较好的两个吸光度值，与通过同样处理的标准液比较，即可计算出血中肌酐含量。

$$\text{肌酐} + \text{苦味酸} \xrightarrow{\text{碱性}} \text{橙红色复合物}$$

笔记栏

2. 尿素与二乙酰在酸性环境中加热可缩合成红色的二嗪衍生物，颜色深浅与尿素含量成正比。因二乙酰不稳定，故通常用二乙酰一肟代替，它与强酸作用，产生二乙酰。后者再与尿素反应，缩合生成红色的二嗪衍生物。

$$\text{二乙酰一肟} + H_2O \xrightarrow{H^+} \text{双乙酰} + \text{羟胺}$$

$$\text{双乙酰} + \text{尿素} \xrightarrow{H^+} \text{二嗪衍生物（红色）}$$

三、实验内容

（一）血清肌酐的测定

1. 取干燥试管3支，分别标明标准管、测定管、空白管，按表10-1进行操作。

表10-1 苦味酸法测定肌酐试剂表

加入物（ml）	空白管	标准管	测定管
工作试剂	1.5	1.5	1.5
标准液	—	0.1	—
样品	—	—	0.1

2. 混匀，37℃水浴10分钟，用空白管调零，分光光度计520nm处，读取标准管和测定管的吸光度。

$$C_T = \frac{A_T}{A_S} \times C_S$$

式中，A_T 为测定管吸光度，A_S 为标准管吸光度，C_T 为测定管浓度，C_S 为标准管浓度。

3. 记录各管的吸光度并计算。正常参考范围：正常男性44～133μmol/L；女性70～108μmol/L。

笔记栏

（二）血清尿素氮的测定方法

1. 取 3 只试管，分别标明标准管、测定管、空白管，按表 10-2 进行操作。

表 10-2　二乙酰一肟法测定尿素试剂表

加入物（ml）	空白管（B）	标准管（S）	测定管
血清	—	—	0.1
尿素标准应用液	—	0.1	—
蒸馏水	0.1	—	—
二乙酰一肟溶液	0.5	0.5	0.5
酸性试剂	5.0	5.0	5.0

2. 各管混匀后，置沸水中加热 15 分钟，取出置冷水中冷却后，分光光度计波长 540nm，以空白管调零比色，读取各管吸光度。

3. 血清尿素（mmol/L）$=\dfrac{A_{测}}{A_{标}}\times 5$

式中，$A_{测}$为测定管吸光度，$A_{标}$为标准管吸光度。

参考范围：1.8～8.2mmol/L。

四、实验注意事项

1. 血清肌酐测定中，注意温度控制，10℃以下会抑制反应，温度升高可使碱性苦味酸溶液显色加深。

2. 试剂中加入硫氨脲和镉离子可增加显色强度和色泽的稳定性，还可消除羟胺的干扰，但仍有轻度退色现象，故应及时比色。

3. 尿液中尿素亦可用此法测定，但因尿液中尿素浓度较高，需将尿液作 50 倍以上稀释后再行测定。

笔记栏

五、实验仪器和主要试剂

苦味酸试剂。
肌酐标准液。
尿素标准液。
二乙酰一肟试剂。
酸性试剂等。

六、思 考 讨 论

1. 两点法测定肌酐为什么要严格把握反应时间？
2. 为什么参加反应的物质是二乙酰，配制的试剂确是二乙酰一肟？

七、结果记录与分析

表 10-3　实验结果记录与分析

项目	管号	颜色	光密度（A）	计算结果	分析
肌酐	样品管				
	标准管				
尿素氮	测定管				
	标准管				

（曹　华）

笔 记 栏

实验十一　肝功能丙氨酸氨基转移酶（ALT）测定

一、实验目的

1. 回顾722型分光光度计的用法。
2. 掌握血清丙氨酸氨基转移酶活性测定方法。
3. 理解丙氨酸氨基转移酶在功能测定上的意义。

二、实验原理

（一）相关理论知识

丙氨酸氨基转移酶在人体不同的组织其含量和活性不同（表11-1）。

表11-1　正常人体组织丙氨酸氨基转移酶活性

组织	ALT	组织	ALT
心	7100	胰腺	2000
肝	44000	脾	1200
骨骼肌	4800	肺	700
肾	19000	血清	16

由上表可知，正常情况下ALT全身各种组织细胞内都有分布，血清中含量最少，只有在缺氧或炎症等情况下，使细胞膜通透性增加或细胞坏死时，转氨酶可大量释放入血。如肝细胞受到损伤（急性肝炎或者肝坏死）时，细胞内的ALT释放进入血液，血清中的ALT活性升高明显；肝癌、肝硬化或胆道疾病时，也会有轻度或中度升高。而其他组织损伤时，ALT活性也会升高，但没有肝细胞损伤时升高的幅度大。因此，血液中ALT大幅度升高时，可以

笔记栏

作为肝功能异常的指标之一。

(二) 原理

丙氨酸氨基转移酶(ALT)可催化丙氨酸与α-酮戊二酸生成丙酮酸和谷氨酸。丙酮酸产量的多少,可反应酶活性的大小。丙酮酸可与2,4-二硝基苯肼在酸性溶液中反应形成相应的2,4-二硝基苯腙,呈黄色(图11-1),后者在碱性条件下呈红棕色。测定2,4-二硝基苯腙在520nm波长处的光吸收来测定丙酮酸的生成量,借此测定血清ALT的活力大小。

【注】该法的单位定义是:每1ml血清在pH7.4,37℃保温条件下与底物作用30分钟,每生成2.5μg丙酮酸为一个单位。人血清的丙氨酸氨基转移酶正常值为2~40U [量度酶催化能力大小习惯单位(U):底物(或产物)变化量/单位时间]。

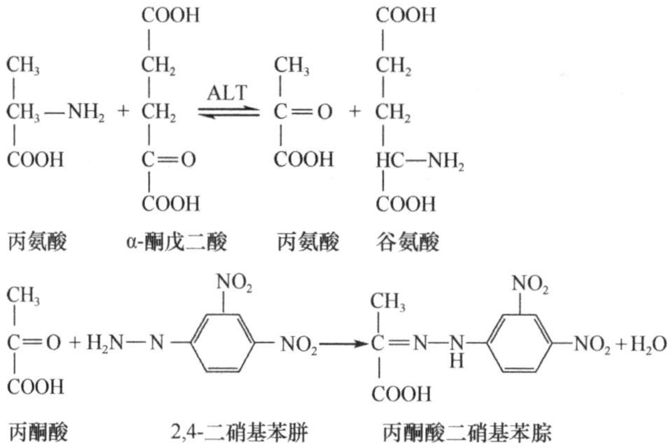

图11-1 ALT反应检测原理

三、实验内容(标准曲线法)

1. 抓取兔子一只,从耳缘静脉处取血2ml,凝固,离心机3000r/min离心5分钟,取上清液备用。

2. 取干燥试管5支,按表11-2操作。

笔记栏

表 11-2　ALT 标准曲线绘制方法表

加入物（ml）	1	2	3	4	5
丙酮酸标准液（ml）	0.00	0.05	0.10	0.15	0.20
ALT 底物试剂	0.5	0.45	0.40	0.35	0.30
0.1M 磷酸盐缓冲液	0.1	0.1	0.10	0.10	0.10
2，4-二硝基苯肼	0.5	0.5	0.5	0.5	0.5
混匀，置于 37℃水浴 20min					
0.4mol/L NaOH	5.0	5.0	5.0	5.0	5.0
相当于 ALT 活性（卡氏单位）	0.00	28	57	97	150

各管混匀，于室温静置 10 分钟，520nm 波长，以第 1 管为空白管比色，读取各管吸光度。然后以吸光度值为纵坐标，各管相应的转氨酶活性单位为横坐标，绘制标准曲线（图 11-2）。

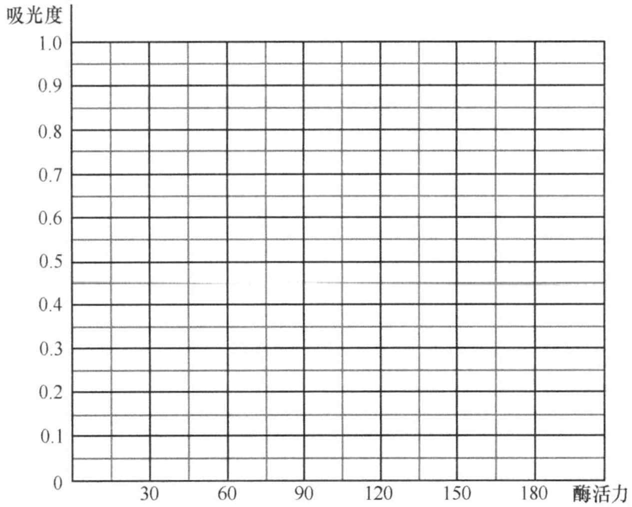

图 11-2　ALT 标准曲线

3. 酶活性测定　取干燥试管两支，按表 11-3 操作。

笔 记 栏

表 11-3 ALT 测定步骤表

加入物（ml）	对照管	测定管
丙氨基酸氨基转移酶底液	—	0.5
37℃水浴 5min		
血清	0.1	0.1
混匀，置于 37℃水浴 30min		
2，4-二硝基苯肼	0.5	0.5
丙氨基酸氨基转移酶底液	0.5	—
混匀，置于 37℃水浴 20min		
0.4mol/L NaOH	5.0	5.0

混匀，静置 10 分钟，用分光光度计，在 520nm 波长，用蒸馏水调节零点，读取测定管和对照管吸光度，以测定管吸光度值减去对照管吸光度值，然后从标准曲线上查出其酶的活力单位。

四、实验注意事项

1. 标本应空腹取血，当时进行测定或将分离的血清贮存于冰箱中。

2. 酶的测定结果与酶作用时间、温度、pH 及试剂加入量等有关，在操作时均应准确掌握。

3. 测定试剂更换时，要重新制作标准曲线。

五、实验仪器和主要试剂

（一）器材

恒温水浴、721 或 722 分光光度计、液体混合器、刻度吸量管、滴管等。

笔记栏

（二）试剂

1. 0.1mol/L 磷酸盐缓冲液（pH 7.4）：称取无水磷酸二氢钾（KH_2PO_4）2.69g 和磷酸氢二钾 $K_2HPO_4 \cdot 3H_2O$ 13.97g 加蒸馏水溶解后移至 1000ml 容量瓶中，校正 pH 到 7.4，然后加蒸馏水至刻度。储存于冰箱中备用。

2. 丙氨酸氨基转移酶底物液（pH7.4）：精确称取 *DL*-丙氨酸 1.78g 和 α-酮戊二酸 29.2g，先溶于 0.1mol/L 磷酸盐缓冲液约 50ml 中，然后用 1mol/L NaOH 校正 pH 到 7.4，再用磷酸缓冲液稀释到 100ml。充分混匀，冰箱保存，可保存一周。

3. 0.02% 2，4-二硝基苯肼溶液（1mmol）：精确称取 2，4-二硝基苯肼 20mg 溶于 1mol/L 盐酸中，待溶解后用 1mol/L 盐酸稀释至 100ml 过滤后使用。

4. 0.4M/L 氢氧化钠溶液。

5. 丙酮酸标准液（500μg/ml）：精确称取丙酮酸钠 62.5mg 溶于 0.1mol/L H_2SO_4 100ml 中，此试剂需现用现配。

六、思考讨论

1. ALT 的正常值是多少？其临床意义是什么？
2. 标准曲线法测定 ALT 活力大小有什么优势？

七、结果记录与分析

1. 结果记录

表 11-4　ALT 结果记录

	1	2	3	4	5	测定管	对照管	测定管-对照管
吸光度								
活力						-	-	

笔记栏

2. 分析

表 11-5 ALT 活性测定结果分析

管号	颜色	吸光度	结果	分析	
测定管					
标准管					
ALT 活性大小					

（刘小龙）

第三部分

临床相关实用性生化检测项目

实验十二　总胆固醇（TC）测定

一、实验目的

1. 掌握血浆总胆固醇（TC）测定的实验原理及总胆固醇测定的临床意义。

2. 学习总胆固醇的测定方法和操作技术。

二、实验原理

（一）相关理论知识

血浆总胆固醇是指血浆里游离胆固醇和胆固醇酯的总和。血浆胆固醇是血液脂类成分之一，正常含量为3.0～5.20mmol/L。

人体内胆固醇来源包括体内合成（内源性）及食物摄取（外源性），主要来自机体合成，几乎所有组织都可合成胆固醇，从食物摄取量少。胆固醇在体内不能供能，不能降解，但却是人体不可或缺的物质：①参与形成细胞膜；②合成胆汁酸；③生成维生素D以及甾体激素等（图12-1）。

笔记栏

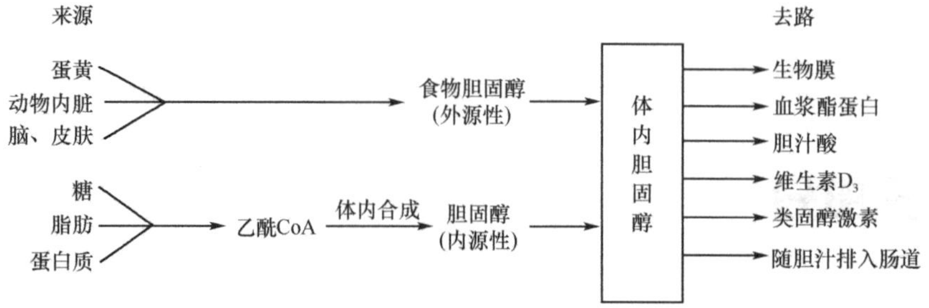

图 12-1 胆固醇的来源与去路

血液中胆固醇主要由肝脏及小肠合成，与蛋白质结合，以血浆脂蛋白（密度法可分为：乳糜微粒 CM、极低密度脂蛋白 VLDL、低密度脂蛋白 LDL、高密度脂蛋白 HDL）的形式运输，其中约总量的 60% 与低密度脂蛋白（LDL）结合。胆固醇可被低密度脂蛋白（LDL）经特殊的接受器带入细胞并被利用。未被使用留在血液中的胆固醇，可堆积在动脉血管壁，引起血管的粥样硬化，使血管壁变厚、管腔狭小、弹性减弱，进而导致高血压、冠心病等心脑血管疾病。饱和脂肪酸的摄取量的多时，会减少接受胆固醇进入细胞的接受器数目，阻碍细胞吸收胆固醇，加剧胆固醇在血管壁的堆积。因此，高脂血症通常都伴随高胆固醇和高甘油三酯。血液中的高密度脂蛋白（HDL）可收集过多的胆固醇，将之输送到肝脏，在肝氧化成胆汁酸，经胆管排入肠道，减少发生动脉粥样硬化的风险。

（二）原理

血浆中的胆固醇约 1/3 为游离胆固醇，2/3 为与脂肪酸结合的胆固醇酯。胆固醇酯在胆固醇酯酶（CEH）催化下，生成游离胆固醇和脂肪酸。胆固醇在胆固醇氧化酶（COD）的氧化下，生成 Δ^4-胆甾烯酮和 H_2O_2。H_2O_2 再经过氧化物酶（POD）催化，使 4-氨基安替吡啉与酚（三者合称 PAP）反应，生成红色醌亚胺色素（Trinder 反应）。醌亚胺的最大峰吸收在 500nm 左右，吸光度与标本中胆固醇含量成正比。反应式如下：

$$\text{胆固醇酯} + H_2O \xrightarrow{CEH} \text{游离胆固醇} + \text{脂肪酸}$$

笔记栏

$$游离胆固醇+O_2 \xrightarrow{COD} \Delta^4-胆甾烯酮+H_2O$$

$$H_2O_2+酚+4-氨基安替吡啉 \xrightarrow{POD} 红色醌亚胺+H_2O$$

三、实验内容

1. 终点法检测 TC 按表 12-1 依次加样。

表 12-1　终点法检测 TC 试剂表

加入物（μl）	空白管	标准管	测定管（空腹）
蒸馏水	10	—	—
总胆固醇标准液	—	10	—
血清（空腹）	—	—	10
酶试剂（工作液）	1000	1000	1000

2. 各管混匀后，37℃保温 5 分钟，用分光光度计比色，于 500nm 波长处以空白管调零，读取各管的吸光度。

四、实验注意事项

1. 正确使用微量取样器，保证取样准确。

2. 血清（浆）样品要新鲜且无脂血。

3. 该法测定胆固醇的前两步反应特异性高，第三步特异性较差，容易干扰。溶血、黄疸及高血脂标本均不影响测定结果，但一些还原性物质如维生素 C、谷胱甘肽及左旋多巴可与色原性氧受体竞争 H_2O_2，使结果出现偏差。

4. 胆固醇酯酶对胆固醇酯水解不完全，造成结果偏低。

笔记栏

五、实验仪器和主要试剂

（一）试剂

1. 胆固醇液体酶试剂

GOOD's 缓冲液（pH 6.7）	50mmol/L
胆固醇酯酶	≥200U/L
胆固醇氧化酶	≥100U/L
过氧化物酶	≥3000U/L
4-AAP（4-氨基安替吡啉）	0.3mmol/L
苯酚	5mmol/L

2. 胆固醇标准溶液 5.17 mmol/L（200 mg/dl） 精确称取胆固醇 200 mg，用异丙醇配成 100 ml 溶液，分装后，4℃保存，临用取出。也可用定值的参考血清作标准液。

（二）仪器

微量取样器、分光光度计、恒温水浴箱。

六、思考讨论

1. 血浆胆固醇含量偏高对人体有哪些危害？
2. 使血浆胆固醇含量升高的主要原因有哪些？

七、结果记录与分析

1. 计算

$$\text{总胆固醇含量 TC (mmol/L)} = \frac{\text{测定管吸光度}}{\text{标准管吸光度}} \times \text{标准液浓度}$$

笔记栏

2. 分析

表 12-2　终点法检测 TC 结果记录与分析

管号	颜色	吸光度	结果	分析
测定管				
标准管				
标准液浓度（mmol/L）				

（黄　磊）

笔 记 栏

实验十三　血清（浆）总蛋白（TP）测定

一、实验目的

1. 掌握双缩脲法测定血浆总蛋白的基本原理及操作。
2. 熟悉血浆总蛋白测定的临床意义。
3. 了解双缩脲法测定血浆总蛋白的特点和注意事项。

二、实验原理

（一）相关理论知识

蛋白质（protein）是生命活动的基础物质，它在生物体内具有重要的生理功能。

（1）营养及组织修复作用。

（2）维持血浆渗透压。

（3）运输载体作用。

（4）参与酸碱平衡调节。

（5）参与物质代谢调节。

（6）免疫保护作用。

（7）催化作用。

（8）凝血、抗凝血和纤溶作用等。

血浆总蛋白（total protein，TP）是血浆中多种蛋白质的总称，可用不同的方法进行分离（盐析法、电泳法等），是血液最主要的固体成分，含量为60～80g/L。

笔记栏

大部分血浆蛋白质由肝脏合成。血浆中除部分球蛋白，如γ-球蛋白是在肝外淋巴组织和网状内皮组织合成，其余的球蛋白、白蛋白和纤维蛋白原都在肝内合成。因此，当肝脏受损时，可影响血浆蛋白质的浓度，使血浆蛋白质，特别是白蛋白含量降低，同时球蛋白含量增加，出现白/球比值倒置的现象。

血浆蛋白质分子量较大，一般不能透过血管壁、生物膜，在正常生理情况下经过肾小球滤过膜的滤过作用和肾小管的重吸收作用，健康人每日尿中排除的蛋白质很少，尿液蛋白质定性检查呈阴性反应。因此，测定血浆、尿液中蛋白质的含量能够反映肝、肾、体液当时的生理状况。

目前测定血浆总蛋白的常用方法有：凯氏定氮法、双缩脲法、染料结合法、化学比浊法，其中双缩脲法是临床上最常用的。

（二）原理

所有蛋白质分子都含有肽键（—CO—NH—）。血浆中蛋白质肽键在碱性溶液中能与2价铜离子作用生成蓝紫色络合物，此反应和两个尿素分子结合后生成的双缩脲（H_2N—OC—NH—CO—NH_2）在碱性溶液中与铜离子作用形成紫红色的反应相似，故称为双缩脲反应。这种蓝紫色络合物在540nm处有明显吸收峰，吸光度在一定范围内与血浆总蛋白的肽键数量呈正比关系，经与同样处理的蛋白质标准液比较，以此可以计算蛋白质的含量。

三、实验内容

1. 取试管4支，标明测定管（U）、标准管（S）、标本空白管（B）、试剂空白管（RB）。

2. 按下表13-1加入各溶液。

笔 记 栏

表 13-1 双缩脲法测定血浆总蛋白试剂表

加入物（ml）	B	RB	S	U
血清（浆）	0.10	—	—	0.10
蛋白标准液	—	—	0.10	—
蒸馏水	—	0.10	—	—
双缩脲空白试剂	5.0	—	—	—
双缩脲试剂	—	5.0	5.0	5.0

3. 混匀各管，置 25℃水浴 30 分钟或 37℃水浴 20 分钟。
4. 取出，在 540nm 波长下，以蒸馏水调零，测定并读取各管吸光度。

四、实验注意事项

1. 黄疸血清、严重溶血；葡萄糖、酚酞及磺溴酞钠对本法有明显干扰，故用空白管来消除。但如果标本空白管吸光度太高，可影响测定的准确性。

2. 高脂血症浑浊血清会干扰比色，可采用下述方法消除：取 2 支带塞试管或离心管，各加待测血清 0.1ml，再加蒸馏水 0.5ml 和丙酮 10ml，塞紧并颠倒混匀 10 次后离心，倾去上清液，将试管倒立与滤纸上吸去残余液体。向沉淀中分别加入双缩脲试剂及双缩脲空白试剂，再进行与上述相同的其他操作。

五、实验仪器和主要试剂

（一）试剂

1. 6.0 mol/L NaOH 溶液　称取 NaOH 240g，溶于新鲜制备的蒸馏水中，冷却后定容至 1L，储于有塑料瓶中。若用非新开瓶的 NaOH，须先配成饱和

笔记栏

溶液，静置2周左右，使碳酸盐沉淀，其上清饱和的NaOH溶液经滴定后，算出准确浓度再使用。

2. 双缩脲试剂 称取硫酸铜结晶（$CuSO_4 \cdot 5H_2O$）3g溶于新鲜制备的蒸馏水500ml中，加入酒石酸钾钠（$NaKC_4H_4O_6 \cdot 4H_2O$，用以结合Cu^{2+}，防止CuO在碱性条件下沉淀）9g和KI（防止碱性酒石酸铜自动还原并防止Cu_2O的离析）5g，待完全溶解后，在搅拌下加入6mol/L NaOH溶液100ml，并用蒸馏水定容至1L，置塑料瓶中保存。该试剂室温下可稳定半年，若贮存瓶中有黑色沉淀出现，则需要重新配制。

3. 双缩脲空白试剂 除不含硫酸铜外，其余成分与双缩脲试剂相同。

4. 60～70g/L蛋白质标准液 常用牛血清清蛋白或收集正常人混合血清（无黄疸、无溶血、乙型肝炎表面抗原阴性、肾功能正常人血清），经凯氏定氮法定值，亦可用定值参考血清或标准清蛋白作标准。

（二）仪器

微量取样器、分光光度计、恒温水浴箱。

六、思考讨论

1. 何谓双缩脲试剂？试剂中为什么加入酒石酸钾钠和KI？
2. 简述血清总蛋白测定的临床意义。

七、结果记录与分析

1. 计算

$$血清总蛋白含量（g/L）= \frac{(A_U - A_{RB} - A_B)}{(A_S - A_{RB} - A_B)} \times 蛋白质标准浓度$$

笔记栏

2. 分析

表 13-2 结果记录与分析

管号	颜色	吸光度	计算结果	分析
测定管（U）				
标准管（S）				
标本空白管（B）				
试剂空白管（RB）				
蛋白质标准液浓度（g/L）				
血浆总蛋白浓度（g/L）				

（黄　磊）

笔 记 栏

实验十四　血清甘油三酯（TG）测定

一、实验目的

1. 掌握酶法测血清 TG 的基本原理及注意事项。
2. 熟练进行实验操作。
3. 了解 TG 测定的主要临床意义。

二、实验原理

（一）相关理论知识

血脂包括甘油三酯、磷脂、胆固醇及其酯、游离脂肪酸，血脂因不溶于水而又必须在含水量丰富的血液中运行，所以需与其他既具有疏水团，又具有亲水基团的化合物形成复合物才能运输，在血浆中形成的这种复合物称血浆脂蛋白（lipoprotein LP），其成分有甘油三酯、磷脂、总胆固醇（胆固醇及胆固醇酯）和载脂蛋白。血浆脂蛋白的分类常用的有电泳法和密度法，临床上常用密度法，可分为极低密度脂蛋白（VLDL）、低密度脂蛋白（LDL）、高密度脂蛋白（LDL）和乳糜微粒（CM）。甘油三酯系（Triglyceride TG）脂类中的主要存在形式，运输甘油三酯的脂蛋白主要有 CM 和 VLDL 两种。在人体中甘油三酯具有重要的生理作用：

（1）具有高效的贮能与供能作用。

（2）能为人体提供必需脂肪酸。

（3）对内脏起保护和固定作用。

（4）对热的传导性不足，具有良好的保温作用。

血清甘油三酯有随年龄增长而上升的趋势，体重超过标准者往往偏高。正常成人空腹时按照 1g/kg 体重进食脂肪，一般 2 ~4 小时内血清甘油三酯达到高峰，8 小时后恢复正常。脂肪清除作用较差的人，清除时间延长。

笔记栏

病理性甘油三酯增高称高甘油三酯血症。是一种异族性甘油三酯蛋白合成或降解障碍。见于原发性高脂血症、动脉粥样硬化、糖尿病、肾病综合征、糖原沉积病、脂肪肝、其他肝病也可出现增加，也可以继发于不良生活习惯，如饮食、烟酒等。

病理性降低见于营养不良、消化吸收综合征、原发性B脂蛋白缺乏症、甲状腺功能亢进、肾上腺皮质功能降低和严重肝功能低下等。

（二）原理

酶法测定是用脂肪酶或脂蛋白酶（LPL）使血清中甘油三酯水解，生成甘油和脂肪酸，甘油在甘油激酶（GK）的催化下，生成3-磷酸甘油，3-磷酸甘油在甘油磷酸氧化酶（GPOD）的催化下，生成磷酸二羟丙酮和 H_2O_2。然后，以Trinder反应（过氧化氢、酚试剂和4-氨基安替吡啉反应）测定 H_2O_2，计算血清甘油三酯含量。

$$\text{甘油三酯} \xrightarrow{\text{LPL}} \text{甘油} + 3\ \text{脂肪酸}$$

$$\text{甘油} + \text{ATP} \xrightarrow{\text{GK}} 3\text{-磷酸甘油} + \text{ADP}$$

$$3\text{-磷酸甘油} \xrightarrow{\text{GPOD}} \text{磷酸二羟丙酮} + H_2O_2$$

$$H_2O_2 + \text{酚} + 4\text{-氨基安替吡林} \longrightarrow \text{红色醌亚胺} + H_2O$$

三、实验内容

1. 取未喂食家兔一只，于耳缘静脉处采血2ml，凝固，离心机3000r/min，离心5分钟，取上清液备用。

2. 用蒸馏水将1%苯酚溶液稀释至0.1%，将酚溶液与等量酶试剂混合成酶酚混合液备用。

3. 按表14-1加入各溶液。

表14-1 酶酚法测定TG表

加入物（ml）	测定管（空腹）	标准管	空白管
血清	0.01	—	—
标准液	—	0.01	—
酶酚混合试剂	1.0	1.0	1.0

笔记栏

4. 混匀各管，置37℃水浴15分钟。

5. 取出，在500nm波长下，以空白管调零，读取吸光度。根据吸光度计算测定管浓度。

四、实验注意事项

1. 配制后的酶试剂可在4℃存放4天，几种酶中以甘油激酶较易失活，出现红色不可再用。

2. 血清样品要新鲜，血清放置时间长可使游离甘油浓度升高。

3. 要取空腹时血清。

五、实验仪器和主要试剂

（一）试剂

甘油三酯试剂盒（3V）0.1mol/L磷酸缓冲液。

酶试剂（LPL、GK、GPOD、4-氨基比林溶于磷酸盐缓冲液中）。

酚溶液（100mg重蒸馏酚溶于100ml蒸馏水中）。

12mmol/L苯甲酸溶液。

TG标准液1.13mmol/L。

（二）仪器

水浴箱、微量取样器、721或722型分光光度计、离心机。

六、思考讨论

1. 测定血清甘油三酯采血最佳时间是？为什么？

2. 高甘油三酯血症的患者饮食应注意哪些？

笔记栏

七、结果记录与分析

1. 计算

血清甘油三酯（mmol/L）= 测定管吸光度/标准管吸光度×标准管浓度

正常参考范围：0.56～1.70mmol/L

2. 分析

表 14-2 TG 测定结果记录与分析

管号	颜色	吸光度大小	计算结果	分析结果
测定管				
标准管				
血清甘油三酯浓度				

（刘小龙）

实验十五　血钙与血磷测定

一、实 验 目 的

1. 掌握钙、磷的测定原理和操作方法。
2. 掌握钙与磷的生理功能及测定钙磷在临床医学上的意义。
3. 了解总钙与离子钙的关系。

二、实 验 原 理

（一）相关理论知识

钙是人体五大宏量元素之一，99% 以上的钙沉积于骨骼、牙齿，血钙通常是指血浆钙，包括非扩散钙和可扩散钙，可扩散钙又分为离子钙和结合钙。在人体中发挥作用的主要是 Ca^{2+}。钙的生理功能主要有：

（1）与磷化合，构成骨盐，强健骨骼，预防骨质疏松。

（2）增强心肌的收缩力，降低神经及骨骼肌的兴奋性，预防低钙性抽搐。

（3）作为主要凝血因子之一，参与血液的凝固。

（4）减少铝质在体内的积聚，有助于降低胆固醇水平，对老年痴呆症、高血压及其他心血管疾病有预防作用。

（5）是体内许多酶的激活剂或抑制剂，参与物质代谢。

（6）作为激素的第二信使，传递细胞信号。钙主要是在小肠以 Ca^{2+}形式吸收，正常成人每天摄入约 0.6～1.0g，血浆钙浓度受多种因素影响，包括活性维生素 D、食物成分、药物、运动等。80% 的钙经肠道排泄，20% 经肾排出。

磷是骨骼和牙齿合成原料，具有多种重要的生理功能：

（1）是核酸、核苷酸、磷脂及一些辅酶的组成成分。

（2）参与体内多种磷酸化反应。

（3）磷作为缓冲体系成分之一，参与酸碱平衡的调节。

笔 记 栏

(4) 参与能量的合成与储存。

(5) 参与第二信使对物质代谢的调节。磷主要以磷酸盐的形式吸收，20%～40% 由肠道排泄，60%～80% 由肾排泄。主要受维生素 D 和甲状旁腺素调节。

血钙、血磷浓度之间有一定的数量关系。正常人钙、磷浓度（单位 mg /dl）的乘积为 35～40，即 [Ca] × [P] =35～40。乘积大于 40 时，钙磷以骨盐的形式沉积在骨组织中，若小于 35 时，则会影响到骨组织钙化，甚至使骨盐再溶解，导致儿童发生佝偻病，成人可发生软骨病。

(二) 原理

血清总钙用邻甲酚酞络合酮（OCPC）比色法测定浓度，其基本原理如下：邻甲酚酞络合酮在碱性条件下与钙络合，生成紫红色络合物，钙离子越多，颜色越深，反之越浅。在 600nm 处有特征性吸收峰，用 8-羟基喹啉可以消除标本中镁离子的干扰，与同样处理的钙标准液比较即可测得血钙含量。

$$\text{OCPC} + Ca^{2+} \longrightarrow \text{紫红色络合物}$$

血清磷浓度用钼酸铵法测定，其基本原理如下：在酸性条件下，钼酸铵与血清中无机磷反应，形成非还原性蓝色磷钼酸化合物，在 340nm 处测定吸光度，吸光度大小与无机磷浓度成正比，与同样处理的标准品比较，可求得样品中的磷浓度。

三、实验内容

(一) 血钙测定

1. 抓取兔子一只，从耳缘静脉处取血 2ml，凝固，离心机 3000r/min 离心 5 分钟，取上清液备用。

2. 工作液准备：将试剂 R_1（乙醇胺缓冲液）和 R_2（0. 175mmol/L 邻甲酚酞络合酮、7. 8mmol/L 8-羟基喹啉）按照 1∶1 的比例混合成工作液备用。

笔记栏

3. 取干净试管 3 支，按表 15-1 加入各溶液。

表 15-1　邻甲酚酞络合酮测定血钙表

加入物（ml）	测定管（空腹）	标准管	空白管
血清	0.02	—	—
$CaCl_2$ 标准液	—	0.02	—
生理盐水	—	—	0.02
工作液	1.0	1.0	1.0

4. 混匀各管，置 37℃水浴 5 分钟。

5. 取出，在 600nm 波长下，以空白管调零，读取各管吸光度。将各管与标准管比较颜色深浅，得出定性结论，并将实验结果记录下来，加以解释。

6. 定量：根据吸光度用公式计算血钙浓度。

（二）血磷测定

1. 工作液准备：将试剂 R_1（0.446mol/L 硫酸与 1.06mmol/L 钼铵酸混全溶液）与 R_2（吐温-80 聚氧乙烯山梨醇酐单油酸酯）按 26∶1 混合成工作液。

2. 取干净试管三支，按表 15-2 加入各溶液。

表 15-2　钼酸铵法测定血磷表

加入物（ml）	测定管（空腹）	标准管	空白管
血清	0.05	—	—
磷酸氢二钾标准液	—	0.05	—
生理盐水	—	—	0.05
工作液	2.0	2.0	2.0

3. 各管混匀，在 37℃反应 5 分钟，340nm 处以空白管调零，读取各管吸光度。

4. 根据吸光度计算磷浓度。

四、实验注意事项

笔记栏

1. 不同批号的试剂不能混用，新打开的试剂不宜与已用过的试剂混合在一起，否则易造成稳定性下降。

2. 血清样品要新鲜（2～8℃可保存4天，-20℃可保存1个月）。

五、实验仪器和主要试剂

（一）试剂

（R_2）0.175mmol/L 邻甲酚酞络合酮 7.8mmol/L 8-羟基喹啉。

（R_1）乙醇胺缓冲液。

2.5mmol/L 氯化钙。

（R_1）0.446mol/L 硫酸、1.06mmol/L 钼酸铵（2g 钼酸铵溶于 100ml 10% H_2SO_4）。

（R_2）吐温-80。

1.29mmol/L 磷酸二氢钾。

（二）仪器

微量取样器、721 或 722 型分光光度计、离心机、恒温箱。

六、思考讨论

1. 血钙过低或过高会出现哪些情况？
2. 给过敏病人使用葡萄糖酸钙时，应注意些什么？为什么？

七、结果记录与分析

1. 计算

血钙含量（mmol/L）= 测定管吸光度/标准管吸光度×标准管浓度

血磷含量（mmol/L）= 测定管吸光度/标准管吸光度×标准管浓度

笔 记 栏

2. 分析

表 15-3　血钙结果记录与分析

管号	颜色	吸光度	计算结果	分析
测定管				
标准管				
血钙浓度				

表 15-4　血磷结果记录与分析

管号	颜色	吸光度	空白管	分析
测定管				
标准管				
血磷浓度				

（刘小龙）